COMTE DE PARIS

OU

DUC DE MADRID?

ÉTUDE

DE DROIT PUBLIC

PAR

Louis BOULY DE LESDAIN

AVOCAT
DOCTEUR EN DROIT

PARIS

L. LAROSE ET FORCEL

Libraires-Éditeurs

22, RUE SOUFFLOT, 22

—

1891

COMTE DE PARIS

ou

DUC DE MADRID?

ÉTUDE

DE DROIT PUBLIC

COMTE DE PARIS

OU

DUC DE MADRID?

ÉTUDE

DE DROIT PUBLIC

PAR

Louis BOULY DE LESDAIN

AVOCAT
DOCTEUR EN DROIT

* * *

PARIS

L. LAROSE ET FORCEL

Libraires-Éditeurs

22, RUE SOUFFLOT, 22

—

1891

Sept ans se sont écoulés depuis que, par la mort du Chef incontesté de la Maison de France, le problème de la succession au trône s'est posé devant l'opinion publique.

Au moment même où elle a été ainsi soulevée, la question a suscité un certain nombre de travaux; il est facile de remarquer que, à l'insu peut-être de leurs auteurs eux-mêmes, les questions de personnes y ont souvent tenu autant, sinon plus de place que les questions de principes.

Depuis ce temps, l'émotion que soulevèrent les événements si imprévus de 1883 s'est peu à peu calmée. Les esprits, aujourd'hui apaisés, peuvent aborder la discussion avec plus de calme, partant avec plus de fruit. Les derniers travaux publiés sur la succession d'Espagne ont contribué encore à faciliter la solution du problème, en faisant connaître dans ses plus petits détails l'histoire des actes célèbres qui servent de base à la discussion.

L'heure nous semble donc venue où l'on peut essayer de procéder à une étude définitive; sans oser nous flatter d'y être parvenu, nous avons du moins cherché à serrer d'un peu plus près la question. Disons tout de suite que l'examen consciencieux auquel nous nous sommes livré des prétentions des deux partis, nous a conduit à reconnaître comme incontestables les droits de Monseigneur le Comte de Paris.

Si la lecture de ce travail peut ramener à lui quelques-uns de ces vieux serviteurs de la Monarchie que de déplorables erreurs égarent encore, nous serons amplement payé de nos peines : nous croirons avoir, dans la faible mesure de nos forces, contribué au relèvement de la France, en travaillant à grossir le nombre de ceux qui, à l'heure décisive, seront prêts à suivre le Roi.

Dunkerque, 1er décembre 1890.

COMTE DE PARIS

ou

DUC DE MADRID?

I.

Pour étudier d'une manière complète les origines de la querelle qui divise aujourd'hui les monarchistes, il est nécessaire de remonter un peu haut dans l'histoire. Elle se rattache en effet directement à cette question de la succession d'Espagne, qui fut, pendant la seconde moitié du XVIIme siècle, la grande préoccupation de la diplomatie européenne.

Le roi d'Espagne, Charles II, n'avait pas d'enfants et ne semblait pas destiné à en avoir. Trois prétendants réclamaient son héritage :

le Dauphin, comme fils de Marie-Thérèse, sa sœur aînée et petit-fils d'Anne d'Autriche, sa tante ;

le prince électoral de Bavière, comme petit-fils de Marguerite, sa sœur cadette ;

l'empereur Léopold, comme fils de Marie-Anne, sa tante.

L'héritier le plus proche était donc le Dauphin; mais on arguait contre lui de deux renonciations à la succession paternelle, souscrites par la mère et la femme de Louis XIV[1]. Disons tout de suite que la nullité de la renonciation de Marie-Thérèse ne semblait faire doute pour personne[2].

L'Europe se demandait avec inquiétude quel serait le sort des immenses domaines de Charles II : s'ils s'ajoutaient un jour à la France ou à l'Empire, l'équilibre européen était de nouveau rompu. Par trois traités successifs, en 1668, 1698 et 1700, les souverains avaient essayé de prévenir ce danger en se les partageant à l'avance[3]; mais ces traités, conclus sans l'assentiment du principal intéressé, n'avaient qu'une bien précaire valeur : le nœud de la question était toujours à Madrid.

Nous ne parlerons pas ici des deux premiers testaments du roi d'Espagne, l'un en faveur de l'archiduc Charles (1696)[4], déchiré peu après par son auteur lui-même, l'autre en faveur du prince de Bavière (1698)[5], rendu bientôt caduque par la mort de l'institué; nous arriverons tout de suite au jour où Charles II, rassuré par le Pape lui-même sur la nullité de la renonciation de

---

(1) Dumont, *Corps diplomatique universel du droit des gens*, t. V, 2ᵉ partie, pp. 215 et suiv.; t. VI, 2ᵉ partie, pp. 288 et suiv.

(2) Mignet, *Négociations relatives à la succession d'Espagne sous Louis XIV*, t. I, passim.

(3) Le traité de 1668 a été publié par Mignet, *Négociations relatives à la succession d'Espagne*, t. II, p. 441. On trouvera celui de 1700 dans Dumont, *Corps diplomatique*, t. VII, 2ᵉ partie.

(4) Second fils de l'Empereur. — L'existence de ce testament n'est pas absolument certaine.

(5) Dangeau, *Journal*, t. VI, p. 476.

Marie-Thérèse [1], cédait aux avis de ses conseils, aux exhortations de sa noblesse, aux aspirations de son peuple, et désignait le duc d'Anjou, second fils du Dauphin, pour son seul et unique héritier.

Dans l'article 13 de ce dernier testament, signé le 2 octobre 1700, il s'exprimait ainsi :

« Je déclare pour mon successeur le duc d'Anjou, se-
« cond fils du Dauphin, et comme tel, je l'appelle à la
« succession de tous mes Royaumes et Domaines, sans en
« excepter aucune partie... Et parce que telle est ma
« volonté, et qu'il convient à la paix de la Chrétienté et
« de toute l'Europe, et à la tranquillité de mes Royau-
« mes, que cette Monarchie soit toujours séparée d'avec
« la Couronne de France, je déclare que si ledit duc
« d'Anjou vient à mourir ou à être appelé à la Couronne
« de France, et qu'il en préfère la jouissance à celle de
« toute cette Monarchie, en ce cas, ladite succession doit
« passer au duc de Berry, son frère, troisième fils du
« Dauphin, en la même forme; et dans le cas où ledit
« duc de Berry viendrait également à mourir ou à succé-
« der à la Couronne de France, en ce cas, j'appelle à
« ladite succession l'Archiduc, second fils de l'Empereur
« mon oncle... [2]. »

Un mois après avoir signé cet acte, Charles II mourait à l'Escurial (2 novembre 1700).

La nouvelle du testament et de la mort du roi d'Espagne parvint le 9 à Fontainebleau, où se trouvait alors Louis XIV. Après mûre délibération, le roi de France annonça le 16 novembre qu'il acceptait le testament, et le

---

(1) La lettre de Charles II et la réponse d'Innocent XII ont été publiées par Hippeau, *Avènement des Bourbons au trône d'Espagne*, t. II, pp. 227 et suiv.

(2) Le testament se trouve dans Dumont, *Corps diplomatique*, t. VII, 2ᵉ partie, p. 185.

nouveau roi d'Espagne fut aussitôt salué comme tel par
l'ambassadeur, marquis Castel dos Rios[1]. Toutes les
puissances européennes ne tardèrent pas à le reconnaître [2]; l'Empereur seul protesta contre le testament de
Charles II [3].

D'imprudentes mesures ne tardèrent pas cependant à
éveiller les susceptibilités de l'Europe. Louis XIV sembla
jeter aux puissances un solennel défi en conservant à son
petit-fils ses droits éventuels au trône de France, malgré
les dispositions formelles du testament de Charles II (lettres patentes de décembre 1700)[4]. Aussi, à l'Empereur
qui seul d'abord nous avait déclaré la guerre, se joignirent
successivement l'Angleterre, les Provinces Unies, le
Brandebourg, presque toute l'Allemagne, le Portugal et
la Savoie. A la fin de 1703, l'Europe entière, moins les
états slaves et scandinaves, était coalisée contre nous.

Dans les premières rencontres, les succès se balancèrent de part et d'autre; mais l'ère des désastres ne tarda
pas à s'ouvrir, et chaque année fut bientôt marquée par de
nouvelles défaites.

Louis XIV épuisé demanda la paix : l'insigne mauvaise foi des négociateurs hollandais fit avorter les premières conférences[5].

Mais le poids de la guerre commençait à se faire lourdement sentir en Europe; le but de la coalition était
d'ailleurs suffisamment atteint : abaisser davantage la

(1) Saint-Simon, *Mémoires*, éd. de Boislisle, t. VII, pp. 293 et suiv.;
Torcy, *Mémoires*, collect. Petitot et Monmerqué, 2° série, t. LXVII,
p. 99; Dangeau, *Journal*, t. VII, pp. 411 et suiv.

(2) Gaillardin, *Histoire du règne de Louis XIV*, t. VI.

(3) Voir sa protestation dans Dumont, *Corps diplomatique*, t. VIII,
1re partie, p. 410.

(4) Isambert, *Recueil des anciennes lois françaises*, t. XX, pp. 378 et suiv

(5) Torcy, *Mémoires*, t. LXVII, p. 426.

France eût été créer à l'Autriche une situation par trop prépondérante. L'Angleterre le comprit, et des négociations, secrètes d'abord, bientôt publiques, s'ouvrirent au mois de janvier 1711 [1].

Le 7 octobre, les préliminaires de la paix étaient signés à Londres. L'article II déclarait que « Sa Majesté Très « Chrétienne consentirait volontiers et de bonne foi qu'on « prît toutes les mesures justes et raisonnables pour em- « pêcher que les couronnes de France et d'Espagne ne « fussent jamais réunies en la personne d'un même « prince, Sa Majesté étant persuadée qu'une puissance « si excessive serait contraire au bien et au repos de l'Eu- « rope [2]. »

Quatre mois plus tard, le 29 janvier 1712, le congrès qui devait rendre la paix à l'Europe tenait sa première séance à l'hôtel-de-ville d'Utrecht [3].

Dès le 10 février, les ambassadeurs de Louis XIV présentèrent les propositions de leur maître : l'article II reproduisait à peu près textuellement les préliminaires de Londres.

« Le Roi — y était-il dit — consentira volontairement « et de bonne foi à prendre de concert avec les alliés toutes « les mesures les plus justes pour empêcher que les cou- « ronnes de France et d'Espagne ne soient jamais réunies « sur une même tête, c'est-à-dire qu'un même prince ne « puisse être tout ensemble Roi de l'une et de l'autre [4]. »

(1) Torcy, *Mémoires*, collection Petitot et Monmerqué, 2º série, t. LXVIII, p. 17.

(2) *Actes et Mémoires concernant la paix d'Utrecht*, t. I, p. 131.

(3) Torcy, *Mémoires*, t. LXVIII, p. 144.

(4) *Actes et Mémoires*, t. I, p. 162.

Il résulte de la correspondance de lord Bolingbroke que l'on se contentait alors de poser purement et simplement ce principe, sans vouloir entrer dans le détail des moyens propres à assurer la séparation des deux couronnes [1].

Mais un événement se produisit sur ces entrefaites, qui vint modifier les dispositions des diplomates anglais : le duc de Bourgogne et le dauphin son fils aîné disparurent en moins d'un mois (18 février-8 mars 1712), emportés tous deux par un mal foudroyant. Philippe V ne se trouva plus séparé du trône de France que par un enfant de deux ans. L'éventualité qu'on entrevoyait à peine dans un lointain avenir se rapprochait considérablement.

Les ministres anglais adressèrent alors à Versailles un mémoire dans lequel ils déclaraient que le péril n'était plus imaginaire depuis la mort des deux derniers Dauphins, le roi Philippe se trouvant héritier si prochain de la Couronne; que l'unique moyen de calmer cette alarme commune était donc que ce prince consentît à renoncer purement et simplement aux droits de sa naissance et à les céder au duc de Berry, son frère [2].

Huit jours après, les plénipotentiaires déclaraient à Utrecht qu'ils avaient reçu des instructions leur permettant le tout rompre, si Louis XIV se refusait à leur donner satisfaction sur ce point [3].

Le roi de France répondit par un refus formel. Le marquis de Torcy, reprenant une thèse soutenue un siècle auparavant par Jérôme Bignon [4], écrivit par son ordre à lord Bolingbroke, secrétaire d'État des affaires étrangères en Angleterre :

[1] A. Baudrillart, *Philippe V et la cour de France*, t. I, p. 468.

[2] Torcy, *Mémoires*, t. LXVIII, p. 149.

[3] *Ibid.*

[4] *Traité de l'excellence des roys et du royaume de France*, in-8°, 1610, 3ᵉ partie, p. 287.

« La renonciation demandée serait nulle et invalide
« suivant les lois fondamentales du royaume, selon les-
« quelles le prince qui est le plus proche de la couronne,
« en est héritier de toute nécessité. C'est un héritage
« qu'il ne reçoit ni du roi son prédécesseur, ni du peuple,
« mais en vertu de la loi, de sorte que lorsqu'un roi vient
« à mourir, l'autre lui succède immédiatement sans de-
« mander le consentement de personne; il succède, non
« comme héritier, mais comme le maître du royaume,
« dont la seigneurie lui appartient, non par choix, mais
« par le droit de la naissance; il n'est obligé de sa cou-
« ronne ni à la volonté de son prédécesseur, ni à aucun
« édit, ni à aucun décret, ni à la libéralité de qui que ce
« soit, il ne l'est qu'à la loi. Cette loi est estimée l'ouvrage
« de Celui qui a établi les monarchies, et on tient en France
« qu'il n'y a que Dieu qui puisse l'abolir, par conséquent
« qu'il n'y a aucune renonciation qui puisse la détruire.
« Si le roi d'Espagne renonçait à son droit, pour l'amour
« de la paix, et pour obéir au roi, son grand-père, ce
« serait se tromper et bâtir sur le sable, que de recevoir
« une telle renonciation comme un expédient suffisant
« pour prévenir le mal qu'on se proposait d'éviter [1]. »

Lord Bolingbroke lui répondit :

« Nous voulons bien croire que vous êtes persuadés, en
« France, que Dieu seul peut abolir la loi sur laquelle le
« droit de votre succession est fondé. Mais vous nous
« permettrez d'être persuadés, dans la Grande-Bretagne,
« qu'un prince peut se départir de son droit par une ces-
« sion volontaire, et que celui en faveur de qui cette
« renonciation volontaire est faite peut être justement sou-

____

[1] Torcy, *Mémoires*, t. LXVIII, p. 151. — Cf. sa lettre du 4 avril à
la princesse des Ursins dans Baudrillart, *Philippe V et la cour de France*,
t. I, p. 574.

« tenu dans ses prétentions par les puissances qui de-
« viennent garantes du traité [1]. »

Le cabinet de Versailles proposa alors un expédient :
Philippe V choisirait entre la France et l'Espagne, mais
seulement lorsque les deux couronnes lui seraient dévolues [2].

Bolingbroke repoussa encore cette proposition.

« Si le jeune dauphin vient à mourir, écrivit au marquis
« de Torcy, le prince dont nous parlons serait le succes-
« seur immédiat de la couronne de France; dans ce cas
« donc, il ne pourra rien perdre en faisant choix de la
« couronne de France dès à présent. Sa Majesté Très
« Chrétienne, que Dieu conserve longues années, venant
« à décéder, le même prince serait héritier présomptif de
« la couronne de France. Dans ce cas, que perdra-t-il
« pour avoir fait son choix de la manière dont la Reine
« le souhaite? Dira-t-on qu'il court risque de quitter
« l'Espagne et de ne pas acquérir la France? Vous
« voyez, Monsieur, qu'il serait exposé au même inconvé-
« nient, selon le plan que vous avez dressé... Si nous
« raisonnons sur la proposition que ce prince choisira la
« couronne d'Espagne, il est incontestable : 1° qu'il vaut
« mieux et pour lui et pour nous que cette déclaration se
« fasse pendant le congrès d'Utrecht que dans tout autre
« temps; 2° que la garantie des puissances de l'Europe
« sera beaucoup plus capable d'empêcher qu'il retourne en
« France, contre la renonciation formelle qu'il aura faite
« de ce droit, que de le contraindre d'abandonner une
« couronne dont il sera en possession, et de se départir
« d'une prétention à laquelle il n'aura jamais renoncé [3]. »

(1) Bolingbroke, *Lettres*, t. I, p. 154.
(2) Lettre de Torcy, citée dans les *Lettres* de Bolingbroke, t. I, p. 168.
(3) Bolingbroke, t. I, p. 170.

Convaincu qu'il fallait en passer par les volontés de l'Angleterre si l'on ne voulait voir ajourner indéfiniment la paix, Louis XIV n'insista pas, et entreprit même de convertir Philippe V à cette idée.

Le roi d'Espagne toutefois ne se montra guère disposé à entrer dans les vues de son aïeul. S'il reconnaissait, en théorie au moins, la nécessité de la séparation des deux couronnes, il entendait garder intact son droit d'option; en cas de mort du dauphin, il ferait choix de l'un des deux royaumes, et laisserait l'autre à un infant. En réalité, il avait la prétention de gouverner l'une des deux monarchies comme roi, et l'autre comme régent [1].

Aux premières et très timides suggestions que Louis XIV lui fit proposer par son ambassadeur à Madrid (9 avril 1712) [2], Philippe V ne répondit pas.

En présence de ce singulier silence, le roi de France écrivit à son ambassadeur une seconde dépêche par laquelle il l'invitait cette fois à donner à son petit-fils un avis très formel : « Faites connaître nettement... au roi et « à la reine d'Espagne, lui disait-il,... qu'il n'est pas juste « que j'achève de ruiner mon royaume dans la seule vue « de leur conserver le droit de réunir un jour les monar- « chies de France et d'Espagne ou de les partager entre « leurs enfants [3]. »

Le courrier qui portait en Espagne cette missive dut se croiser en route avec celui qui apportait une réponse de Philippe V. Informé par le comte de Bergeick, son représentant officieux à La Haye, que les alliés ne se contenteraient d'aucun autre expédient pour assurer la séparation des deux couronnes, il avait pris, le 22 avril, une demi-

---

(1) A. Baudrillart, *Philippe V et la cour de France*, t. I, p. 475.

(2) *Ibid.*, p. 477.

(3) *Ibid.*, p. 479.

résolution. Après avoir appelé de nouveau les plus sérieuses réflexions de son aïeul sur le dessein auquel il s'était primitivement arrêté, il se déclarait prêt à renoncer à la couronne de France « en la manière qu'il le juge« roit le plus à propos. » Il prétendait néanmoins que l'Angleterre reconnut par des concessions territoriales un aussi grand sacrifice, et terminait en réclamant non seulement l'Espagne et les Indes, qu'il possédait encore, mais toute la monarchie de Charles II, moins les Pays-Bas [1].

Bien qu'il ne se fît guère d'illusion sur le succès de ses démarches, Louis XIV essaya cependant d'obtenir pour son petit-fils quelque chose au moins de ce qu'il demandait. A sa grande surprise, l'Angleterre alors lui adressa de nouvelles propositions (16 mai) :

Philippe V abandonnerait immédiatement l'Espagne et les Indes au duc de Savoie, et prendrait possession des États de celui-ci, auxquels seraient ajoutés le Montferrat, le Mantouan et le royaume des Deux-Siciles. Si lui-même ou l'un de ses descendants était un jour appelé au trône de France, tous ces États deviendraient provinces françaises, sauf la Sicile, qui retournerait à la maison d'Autriche [2].

Ce projet était des plus séduisants pour Louis XIV; il rapprochait de lui un petit-fils qu'il chérissait, et laissait intactes les vieilles lois de succession à la couronne. Aussi pressa-t-il vivement Philippe V d'y accéder (18 mai) [3].

Mais comme il était nécessaire de prendre une résolution immédiate, le vieux roi, qui connaissait le caractère tenace de son petit-fils, adressa en même temps au marquis de Bonnac de nouvelles instructions lui prescrivant

____

(1) A. Baudrillart, *Philippe V et la Cour de France*, t. I, pp. 482-484
(2) Torcy, *Mémoires*, t. LXVIII, p. 159.
(3) La lettre de Louis XIV est reproduite dans les *Mémoires* de Torcy, t. LXVIII, p. 159.

d'insister auprès de Philippe V pour qu'il se déterminât sans plus tarder. Dans le cas où le roi d'Espagne se refuserait à opter entre les deux partis, une lettre du roi, qui devait lui être remise seulement à la dernière extrémité, l'avertissait nettement qu'il ne devait plus compter sur l'appui de la France, et que la paix se signerait sans lui.

L'ambassadeur n'eut pas besoin de recourir à ce moyen extrême. Dans la journée du 29 mai, Philippe V, après avoir fait ses dévotions, déclara au marquis de Bonnac sa résolution de demeurer en Espagne. « Mon parti est pris « pour le présent, lui dit-il, et rien n'est capable de m'en « faire changer, puisque les raisons que vous m'avez dites, « de la part du Roi, ne l'ont pas fait, non plus que les « lettres qu'il m'a écrites de sa main, qui sont conçues « dans les termes les plus tendres et les plus propres à « me déterminer [1]. »

Et le 3 juillet 1712, il annonçait ainsi à son conseil la détermination à laquelle il venait de s'arrêter :

« ... Les instances du Roi, mon grand-père, ont été « fort grandes à ce que, dans l'acte de renonciation, je « voulusse préférer la monarchie de France à celle d'Es- « pagne; mais ni ces importantes sollicitations, ni la con- « sidération de la grandeur et de la force de la France, « n'ont pu altérer en moi la reconnaissance et les obliga- « tions que j'ai aux Espagnols, de qui la fidélité a affermi « sur ma tête la couronne que la fortune avait rendue « chancelante en deux fameuses occasions [2]; de sorte que « pour demeurer uni avec les Espagnols, non seulement « je préférerais l'Espagne à toutes les monarchies du « monde, mais je me contenterais d'en posséder la

---

[1] Marquis de Courcy, *Renonciation des Bourbons d'Espagne au trône de France*, p. 129.

[2] Philippe V avait été obligé deux fois de quitter Madrid, en 1706 et en 1710.

2

« moindre partie, pour n'abandonner pas la nation. Et
« pour preuve de la vérité de ce que je dis, et que cette
« monarchie soit assurée à mes descendants, j'ai bien
« voulu qu'ils renoncent à tous leurs droits sur la cou-
« ronne de France, en faveur du duc de Berry, mon frère,
« et du duc d'Orléans, mon oncle [1]. » Cinq jours après,
le 8 juillet, il informait également son peuple par une proclamation solennelle, de la résolution qu'il avait prise [2].

Expédiée aussitôt à Versailles, cette proclamation était
immédiatement transmise à Londres ; dès le 17 juillet un
traité d'armistice était signé entre la France et l'Angleterre [3].

A peine cependant la résolution de Philippe V avait-
elle été rendue publique, que déjà des bruits fâcheux cou-
raient en France sur la sincérité du jeune roi ; on prétendait que sa renonciation avait été subordonnée à des
réserves telles, qu'elles la rendaient pour ainsi dire illusoire [4]. Louis XIV lui-même finit par s'émouvoir de ces
rumeurs, et manifesta son inquiétude au marquis de Bonnac.

Il ne tarda pas à être rassuré. « Le roi d'Espagne m'a
« répété dix fois de suite qu'il n'avait jamais songé à ces
« restrictions — lui répondit le 11 juillet son ambassa-
« deur, — et il m'a certainement dit la vérité [5]. » Quelques jours plus tard, le 25 juillet, il lui écrivait encore
que « jamais démarche n'avoit été faite avec plus de bonne
« foi et de sincérité que celle-ci l'avoit été de la part du
« roi d'Espagne [6]. »

---

(1) Dumont, *Corps diplomatique*, t. VIII, 1ʳᵉ partie, p. 304.
(2) *Ibid.*, p. 305.
(3) Marquis de Courcy, *Renonciation des Bourbons d'Espagne au trône
de France*, pp. 150 et suiv.
(4) Baudrillart, *Philippe V et la cour de France*, t. I, p. 502.
(5) Marquis de Courcy, p. 171.
(6) Baudrillart, t. I, p. 504.

Cependant, et afin d'enlever tout prétexte à de nouvelles insinuations, Louis XIV exigea que les projets de renonciations fussent rédigés à Madrid. Philippe V en confia le soin à une junte dans laquelle siégeaient, à côté des hommes les plus considérables, les meilleurs jurisconsultes du royaume [1]. Vers la fin de juillet, trois modèles relatifs aux renonciations du roi d'Espagne au trône de France, des ducs de Berry et d'Orléans au trône d'Espagne, furent adressés à Versailles. Le marquis de Torcy déclara qu'il ne croyait pas « qu'on pût demander des « clauses et des expressions plus fortes que celles qu'ils « contenaient [2]. »

L'Angleterre pourtant ne se déclara point satisfaite; l'université d'Oxford, appelée par la Reine à donner son avis, exigea encore quelques modifications [3]. Philippe V se fit bien un peu prier, mais il finit par céder à ces nouvelles exigences.

Enfin, le 5 novembre 1712, en présence du Conseil d'État, le roi d'Espagne signa et confirma par serment l'acte qui l'écartait pour jamais du trône de France. Le même jour, il le soumettait aux Cortès, extraordinairement convoquées à cet effet. Le 9 novembre, la renonciation y était approuvée et enregistrée [4].

Mais s'il y avait, en ce pays, des précédents qui indiquaient la marche à suivre pour donner force de loi à une renonciation, il n'en était pas de même en France.

(1) Marquis de Courcy, *Renonciation des Bourbons d'Espagne*, p. 177.
(2) *Ibid.*, p. 179.
(3) Elle demandait notamment que les lettres patentes de décembre 1700 fussent rayées des registres du Parlement de Paris.
(4) Marquis de Courcy, pp. 211 et suiv.

Bolingbroke proposa d'abord de la faire ratifier par les États-Généraux [1]. Louis XIV refusa ; le marquis de Torcy répondit en ces termes à la demande du ministre anglais :

« Les États, en France, ne se mêlent point de ce qui
« regarde la succession à la couronne ; ils n'ont le pouvoir
« ni de faire, ni d'abroger les lois. Quand les Rois les
« convoquent, on marque dans les lettres que c'est pour
« ouïr les plaintes des bons et fidèles sujets, et pour cher-
« cher des remèdes aux maux présents.

« Comme le Roi croit être assuré des véritables inten-
« tions de la Reine, Sa Majesté est persuadée que cette
« princesse cherche seulement une sûreté pour la renon-
« ciation, et qu'il suffit par conséquent d'en indiquer une
« plus conforme à nos usages...

« Cette sûreté sera de faire publier et enregistrer dans
« tous les Parlements du royaume la renonciation que le
« roi d'Espagne aura faite, pour lui et pour ses descen-
« dants, à la couronne de France. Les édits et les déclara-
« tions revêtus de ces formalités ont force de lois ; les
« Français sont accoutumés à cet usage ; il se pratique à
« l'égard des traités faits avec les puissances étrangè-
« res [2]. »

Bolingbroke n'insista pas et se déclara satisfait de l'en-registrement.

Les Anglais n'avaient pas été les seuls qui se fussent préoccupés de cette question. Dès la naissance de la diffi-culté, les ducs de Saint-Simon, de Chevreuse, de Beau-villiers, d'Humières, de Noailles et de Charost s'étaient réunis pour en délibérer [3]. Saint-Simon, chargé par eux

---

(1) Bolingbroke, *Lettres*, t. I, p. 366.

(2) Lettre de Torcy, reproduite dans les *Lettres de Bolingbroke*, t. II, p. 3.

(3) Saint-Simon, *Mémoires*, éd. Chéruel, t. IX, pp. 341 et suiv.

de rédiger un mémoire sur la question[1], avait conclu à la vérification des renonciations par une assemblée composée uniquement des ducs et pairs, des ducs vérifiés et des grands officiers de la couronne[2]. Les ducs de Chevreuse et de Beauvilliers s'étaient chargés de faire partager cet avis au roi. N'osèrent-ils faire la proposition? Furent-ils repoussés par Louis XIV? On l'ignore. Toujours est-il qu'aucune suite ne fut donnée au projet des ducs et pairs.

Enfin, le 15 mars 1713, en présence des princes du sang et des pairs convoqués extraordinairement, le Parlement de Paris enregistrait[3] :

1° La renonciation de Philippe V au trône de France[4];

2° et 3° Les renonciations des ducs de Berry et d'Or-

(1) Le *Mémoire succinct sur les formalités desquelles, nécessairement, la renonciation du roi d'Espagne, tant pour lui que pour sa postérité, doit être revêtue en France, pour y être justement et stablement validée*, a été publié par M. P. Faugère dans le t. II des *Écrits inédits* de Saint-Simon.

On en trouvera une analyse dans l'ouvrage de M. de Courcy sur la *Renonciation des Bourbons d'Espagne*, pp. 259 et suiv.

(2) Les ducs et pairs étaient ceux qui possédaient une terre érigée en duché-pairie; ils avaient séance au Parlement et jouissaient de plusieurs prérogatives dans les maisons royales.

Les ducs vérifiés possédaient des duchés non-pairies; ils n'avaient pas séance au Parlement mais jouissaient des mêmes honneurs que les ducs et pairs.

Saint-Simon ne reconnaissait comme grands officiers de la couronne que le chancelier, le grand-maître de France, le grand chambellan, le grand écuyer, les maréchaux de France, le grand amiral, le colonel général de l'infanterie, le grand-maître de l'artillerie.

(3) Le récit de la séance se trouve dans les *Mémoires* de Saint-Simon, éd. Chéruel, t. IX, pp. 454 et suiv. Le procès-verbal officiel a été analysé par M. Baudrillart, *Philippe V et la cour de France*, t. I, p. 325.

(4) Nous ne croyons pas devoir reproduire ici le texte de cette renonciation, qui a été très souvent imprimé. On le trouvera notamment dans les *Actes et mémoires concernant la paix d'Utrecht*, t. II, pp. 164 et suiv.; Dumont, *Corps diplomatique*, t. VIII, 1re partie, pp. 310 et suiv.; Isambert, *Recueil des anciennes lois françaises*, t. XX, pp. 585 et suiv.

léans au trône d'Espagne, nécessaires également pour empêcher la réunion des deux couronnes [1];

4° Des lettres patentes de Louis XIV, admettant les renonciations susdites, et révoquant les lettres patentes de décembre 1700, qui conservaient au roi d'Espagne ses droits éventuels au trône de France [2].

Même formalité avait lieu peu après dans tous les autres Parlements.

Un mois plus tard, le 11 avril, la paix était signée à Utrecht, entre la France, d'une part, la Grande-Bretagne, les Provinces-Unies, le Portugal, la Savoie et la Prusse de l'autre. Mention des renonciations était faite dans les traités [3].

L'Empereur avait refusé de traiter à Utrecht. Les habiles manœuvres de Villars le contraignirent bientôt à demander la paix : elle fut signée à Rastadt le 7 mars 1714. Charles VI se refusant toujours à reconnaître Philippe V comme roi d'Espagne, le traité resta muet sur les renonciations [4].

Mais deux ans ne s'étaient pas écoulés depuis la signature de ces actes, que déjà Philippe V songeait à revenir sur les promesses qu'il avait si solennellement jurées. Le duc de Berry étant mort le 4 mai 1714, il fit aussitôt écrire au cardinal del Judice, son ambassadeur en France : « La renonciation ayant été faite sans le libre « consentement de S. M., et seulement pour terminer la

---

(1) Isambert, *Recueil des anciennes lois françaises*, pp. 590 et suiv.

(2) *Ibid.*, pp. 585 et suiv.

(3) Les traités se trouvent dans Dumont, *Corps diplomatique*, t. VIII, 1re partie, pp. 339 et suiv.

(4) Dumont, *Corps diplomatique*, t. VIII, 1re partie, pp. 415 et suiv.

« guerre, S. M. C. entend que toutes les fois qu'il se pré-
« sentera un moyen ou une occasion d'y porter atteinte,
« du consentement de S. M. T. C., on le saisisse comme
« parfaitement valable et utile au bien des deux monar-
« chies [1]. »

Cette première intrigue échoua complètement. Le roi de
France fit répondre à l'ambassadeur qu'il avait promis
d'observer les renonciations, et qu'il ne manquerait pas à
sa parole [2].

Philippe V néanmoins ne se découragea pas ; tombé
sous la domination absolue d'Elisabeth Farnèse, sa seconde femme, il s'enfonça plus que jamais dans ses ambitieux projets. Avant toutefois de plus rien entreprendre,
il consulta son confesseur, le P. de Malboan, sur la validité de la renonciation qu'il avait signée.

Dans un mémoire assez sérieusement motivé [3], le
jésuite conclut qu'il n'était permis à S. M. C. ni de récla-
mer, ni de prendre, ni d'accepter la couronne de France.
Il admettait toutefois qu'elle pouvait établir au delà des
monts un de ses fils cadets, à l'exclusion de l'aîné qui
resterait en Espagne.

Le monarque ne se déclara pas satisfait. Il soumit alors
au P. de Malboan les lettres de Louis XIV, que nous
avons analysées plus haut. L'affirmation du cardinal del
Judice, que Philippe V n'avait fait que céder aux menaces
de son aïeul, achevèrent de convaincre le jésuite. Dans un
second mémoire daté du 25 mai, un mois jour pour jour
après le premier, il déclara que les renonciations, extor-
quées par la violence, étaient dépourvues de toute valeur [4]. La conversion avait été bien rapide.

(1) Baudrillart, *Philippe V et la cour de France*, t. I, p. 583.
(2) *Ibid.*, p. 586.
(3) Analysé par M. Baudrillart, *op. cit.*, p. 664.
(4) *Ibid.*, p. 669.

Le roi d'Espagne n'avait pas attendu cette réponse pour se laisser dicter par la reine des instructions secrètes au prince de Cellamare, son ambassadeur en France[1]. Il lui recommandait tout spécialement de travailler à lui créer en France un fort parti, et lui indiquait un certain nombre de mesures à prendre pour s'assurer la régence au décès de Louis XIV.

On sait comment le Parlement la confia au duc d'Orléans.

Cependant les intentions de Philippe V n'avaient pu demeurer absolument secrètes. Plus d'un an avant la mort de Louis XIV, l'Angleterre, qui cherchait à conclure avec la France une alliance plus intime, avait déjà pressenti le futur Régent sur ce sujet. Son ambassadeur, lord Stairs, était venu le trouver. « Pour gagner d'autant mieux « sa confiance, dit Duclos, il convenait que le roi Georges « n'était qu'un usurpateur à l'égard des Stuarts ; mais il « ajoutait que si le faible rejeton de la famille royale en « France venait à manquer, toutes les renonciations n'em- « pêcheraient pas que lui, duc d'Orléans, ne fût regardé « comme un usurpateur à l'égard du roi d'Espagne. Il ne « pouvait donc avoir d'allié plus sûr que le roi Georges[2]. »

L'attitude franchement hostile que prit tout de suite Philippe V à l'égard du Régent, obligea bientôt celui-ci à se tourner du côté de l'Angleterre. Le 4 janvier 1717 une triple alliance fut signée à la Haye entre les représentants de la France, de l'Angleterre et des Provinces-Unies, pour la garantie des traités d'Utrecht[3]. Dix-huit mois plus tard, l'Empereur, effrayé des prétentions de Philippe V sur l'Italie, adhérait à ce pacte qui devenait ainsi la Qua-

(1) Analysées par M. Baudrillart, *Philippe V et la cour de France*, t. I, p. 670.

(2) *Mémoires secrets*, éd. Barrière, p. 137.

(3) Dumont, *Corps diplomatique*, t. VIII, 1re partie, pp. 485 et suiv.

druple Alliance (2 août 1718) [1]. Il abandonnait enfin ses prétentions sur l'Espagne, et reconnaissait l'ordre de succession établi en 1713. Les renonciations faisaient désormais partie du droit public de toute l'Europe civilisée.

Les précautions qu'avait prises le Régent n'étaient pas inutiles, car l'ambassadeur d'Espagne s'agitait d'une étonnante façon. Exploitant habilement la colère des princes légitimés, la jalousie des maisons de Condé et de Conti, le mécontentement d'un grand nombre, il était parvenu à grouper peu à peu un assez fort parti autour des quelques Français qui avaient toujours nié la validité des actes de 1712 [2]. Mais au moment où devait éclater le soulèvement qui allait livrer la régence à Philippe V, l'indiscrétion d'un obscur copiste dévoila le tout au duc d'Orléans. Le prince de Cellamare fut reconduit militairement à la frontière, et les principaux conspirateurs incarcérés pour quelque temps dans des forteresses. La Bretagne seule remua quelque peu; mais cette prise d'armes, dans laquelle il ne fut pas tiré un seul coup de fusil, n'eut d'autre résultat que de faire prononcer par une commission extraordinaire vingt condamnations à mort [3].

(1) Dumont, *Corps diplomatique*, t. VIII, 1ʳᵉ partie, pp. 531 et suiv.

(2) Ce mouvement de l'opinion publique, qui se détacha peu à peu du Régent, est très bien expliqué dans la *Gazette de la Régence* publiée par M. de Barthélemy, pp. 232, 239, 257.

Cf. Duclos, *Mémoires secrets*, éd. Barrière, p. 48; Barbier, *Journal*, t. I, p. 30; Marais, *Journal et Mémoires*, t. III, p. 41.

(3) De Carné, *Les États de Bretagne*, t. II, pp. 1 et suiv.

Vers la même époque, le Régent, pour répondre aux pamphlets répandus par l'Espagne, chargea un cordelier, le P. Poisson, de rédiger un mémoire sur la question des renonciations.

Le duc d'Orléans mourut avant l'achèvement de ce travail, et le manuscrit de *La loy fondamentale de la succession à la couronne de France, avec un préambule sur ce qui a donné lieu à cet ouvrage*, fut envoyé plus tard par le cardinal de Fleury à Philippe V.

M. Baudrillart l'a retrouvé aux archives d'Alcala, et en a fait le fonds

Philippe V cependant n'abandonna pas encore ses ambitieux projets [1]. Durant les années 1726-1728, il renoua de nouvelles intrigues avec les maisons de Condé et de Conti pour s'assurer le trône en cas de mort de Louis XV. La naissance d'un Dauphin, le 4 septembre 1729 vint seul mettre un terme, sinon à ses espérances, du moins à ses menées [2].

La rivalité sourde qui divisait toujours les maisons d'Orléans et d'Espagne reparut avec éclat, en 1789, devant l'Assemblée Nationale. Le 15 septembre, au moment où l'on venait de voter par acclamation l'inviolabilité de la personne du Roi et l'hérédité de la Couronne dans la race régnante, de mâle en mâle, par ordre de primogéniture, à l'exclusion perpétuelle des femmes et de leur descendance, un M. Arnoult, député du Tiers de Dijon,

de l'*Examen des droits de Philippe V et de ses descendants au trône de France*, publié par lui en 1889 dans la *Revue d'histoire diplomatique* (p. 161 et suiv., 344 et suiv.).

Le savant historien résume ainsi l'idée mère du religieux :

« Frappé de ce principe juridique : *Quoties agitur de novo jure quod* « *veteris juris emendationem inducit, quidquid expressum non est, sub vete-* « *ris juris regulis remansisse intelligitur*, toutes les fois qu'il s'agit d'un « droit nouveau qui a corrigé sur quelques points un droit ancien, tout « ce qui n'est point exprimé est censé demeurer conforme aux règles « du droit ancien, il s'est dit qu'après tout il y avait eu entre le duc de « Bourgogne et Philippe V un véritable partage tel qu'ils avaient pu se « pratiquer sous les deux premières dynasties, et que par conséquent « on devait juger des droits respectifs des deux branches de France et « d'Espagne comme on en aurait jugé au temps des partages. Or, en « ce temps, chaque branche partagée régnait jusqu'à extinction com- « plète dans l'objet de son partage. »

Nous croyons qu'une bonne cause perd à être défendue par de mauvais arguments, et il nous paraît bien difficile de nous placer, pour juger la situation de Philippe V, sous l'empire d'un droit abrogé depuis plus de sept siècles.

(1) A. Baudrillart, *Les prétentions de Philippe V à la couronne de France*, ap. *Revue des questions historiques*, janvier 1887.

(2) Maréchal de Richelieu, *Mémoires*, éd. Barrière, t. II, p. 152.

demanda « qu'il fût décidé, qu'attendu que la branche
« régnante en Espagne avait renoncé par le traité d'U-
« trecht à ses droits au trône de France, elle ne pourrait
« être admise à l'hérédité de cette Couronne, au cas où
« elle voudrait y prétendre (1). »

Une longue et orageuse discussion s'éleva sur cette proposition. L'Assemblée, en fin de compte, refusa de se
prononcer, et la résolution suivante fut adoptée par 678
voix contre 268 et 15 votes nuls :

« Rien n'est préjugé sur l'effet des renonciations dans
« la race actuellement régnante (2). »

La mort du Chef de la Maison de France a jeté cette
question de la spéculation pure dans la pratique : la ré-
serve que garda l'Assemblée Nationale ne peut donc plus
être imitée :

Monsieur le duc de Madrid peut-il aujourd'hui,
malgré la renonciation de son aïeul Philippe V,
malgré les stipulations des traités d'Utrecht,
malgré sa qualité d'étranger,
revendiquer le trône de France : c'est ce que les chapitres
suivants auront pour but d'étudier.

(1) *Moniteur* des 15, 16 et 17 septembre 1789.
(2) Constitution du 3 septembre 1791, chap. II, art. 1er, § 2.

II.

Que Philippe V ait eu le droit de renoncer pour lui-même au trône de France, la chose est tellement évidente que nous ne comprenons pas qu'elle ait pu être contestée. Il n'était lié par aucune promesse, soit de lui-même, soit de ses auteurs; il était maître de son droit et pouvait donc en faire abandon si bon lui semblait.

Il a d'ailleurs toujours été admis en France que le Roi était libre d'abdiquer la Couronne.

Lorsque François Ier, retenu prisonnier par Charles-Quint, commença à craindre de ne pouvoir recouvrer la liberté, il signa secrètement un acte d'abdication en faveur de son fils aîné [1]. Nul n'a jamais mis en doute que cet acte équivalut absolument à la mort du Roi.

Après les journées de juillet 1830, Charles X et le duc d'Angoulême signèrent aussi une abdication. Tous les légitimistes reconnurent immédiatement pour Roi le duc de Bordeaux.

Une abdication ne saurait donc être tenue pour nulle que si elle avait été arrachée par violence ou extorquée par fraude; on rentrerait alors dans les principes du droit commun qui annule, à juste titre, tout acte entaché de l'un de ces deux vices.

La renonciation de Philippe V n'a pas été obtenue par

---

[1] Isambert, *Recueil des anciennes lois françaises*, t. XII, p. 237. — Voir aussi Mignet, *Rivalité de François Ier et de Charles-Quint*, t. II, p. 150.

fraude : l'exposé des négociations, donné plus haut, le démontre suffisamment.

Bien que Philippe V — nous l'avons déjà vu — ait essayé de le soutenir, elle ne lui a pas été arrachée par violence.

Que Louis XIV ait exercé une certaine pression sur son petit-fils pour l'amener à signer cet acte célèbre, c'est là un fait indiscutable; mais il nous paraît ressortir jusqu'à l'évidence de l'exposé des négociations, que cette pression n'est jamais allée jusqu'à la violence proprement dite.

Et quand bien même du reste il en aurait été ainsi, la renonciation ne nous en semblerait pas moins garder toute sa valeur.

Pour que la violence, en effet, puisse frapper un acte de nullité, il est indispensable que cette violence soit injuste : le droit romain, le droit canon, le droit ancien sont unanimes sur ce point.

Or, pour maintenir son petit-fils sur le trône d'Espagne, Louis XIV avait fait les plus grands sacrifices; pendant plus de dix ans, il avait tenu tête à l'Europe entière coalisée contre lui. En 1711, la France ne pouvait plus continuer la lutte : la paix lui était devenue absolument indispensable.

Les alliés posaient comme condition première de cette paix la renonciation de Philippe V au trône de France : Louis XIV lui écrivit que s'il se refusait à donner satisfaction à des exigences en somme légitimes, il se verrait contraint de l'abandonner à ses propres forces.

Il est évident pour nous qu'il en avait le droit; il nous semble même qu'il en avait le devoir.

On nous objecte ce principe de droit civil, en vertu duquel toute renonciation à une succession non encore ouverte est nulle [1].

____

[1] On ne peut, même par contrat de mariage, renoncer à la succes-

Mais rien ne permet d'étendre au droit public cette règle de droit privé, et les motifs que l'on invoque pour la justifier ne trouvent ici aucune application [1]. Les publicistes des deux derniers siècles proclamaient au contraire ce principe : que les Rois ne sont pas liés par la loi civile dans leurs actes publics [2]. Pour rester dans l'hypothèse qui nous occupe, il est infiniment plus raisonnable de régler à l'avance une question de cette nature, que de la laisser dégénérer peut-être en une source de conflits.

Si la renonciation éventuelle de Philippe V est la seule que présente le droit public de la France, il n'en est pas de même pour les autres états d'Europe. Nous avons vu plus haut que les infantes Anne et Marie-Thérèse renoncèrent ainsi à la succession d'Espagne [3], et, jusqu'à la

sion d'un homme vivant, ni aliéner les droits éventuels qu'on peut avoir à cette succession. — Code civil, art. 791.

Cette règle n'était pas admise par le droit canon *a*); et si notre ancien droit voyait avec défaveur ce genre de renonciations, il n'était pas allé cependant jusqu'à les prohiber complètement *b*).

(1) Les deux motifs invoqués par le tribun Siméon dans son discours au Corps Législatif, le 21 germinal an XI, étaient ceux-ci :

a) Il faut connaître son droit et savoir en quoi il consiste pour y renoncer valablement.

b) La renonciation, si elle est gratuite, est une sorte de mépris, une offense faite à celui dont on répudie d'avance l'héritage.

Voir Locré, *Législation civile*, t. X, pp. 298 et suiv.

(2) Grotius, *De Jure Belli et Pacis*, l. I, ch. I, 1; Puffendorf, *De Jure Naturæ et Gentium*, l. VII, ch. VI, 23; Cassanæus, *Catalog. gloriæ mundi*, V, 36.

(3) La renonciation de Marie-Thérèse fut tenue pour nulle parce que sa validité avait été subordonnée à une condition qui ne fut jamais remplie : le paiement de la dot de la princesse.

a) *Décrétales de Boniface VIII*, l. I, t. XVIII, c. 2. — Cf. Torre, *De pactis futuræ successionis*, l. I, c. X, §§ 1, 2 et 3.

b) Ferrière, *Dictionnaire de droit et de pratique*, v° *Renonciation à une succession non encore échue*; Pothier, *Traité des successions*, ch. I, sect. II, art. IV, § 3 (éd. Bugnet, t. VIII, p. 145).

fin du xviiime siècle, un semblable usage était observé en Autriche au mariage de toutes les archiduchesses [1].

Mais, si le roi d'Espagne avait le droit de renoncer pour lui-même au trône de France, pouvait-il également faire cette renonciation au nom de ses descendants?

Nos adversaires soutiennent qu'on ne peut, par sa parole, engager que soi-même.

S'il s'agissait ici d'une simple question de droit privé, la chose serait absolument évidente; la proposition contraire ne soutiendrait même pas la discussion.

Mais l'hypothèse est toute autre, et la question, pour être placée sur son vrai terrain, doit être ainsi formulée : les lois de succession au trône de France peuvent-elles être modifiées, soit par un traité diplomatique, soit par un acte émané en France des pouvoirs publics.

Au point de vue du droit public français, il nous paraît certain que les lettres patentes de Louis XIV, de mars 1713, enregistrées au Parlement le 15 du même mois, ont donné à la renonciation du roi d'Espagne force de loi.

Les partisans de la branche aînée de la maison de Bourbon, qui nous objectent toujours ici la Loi Salique [2],

____

(1) *Histoire de Marie-Antoinette*, par Edmond et Jules de Goncourt, p. 12.

(2) Le code ou recueil d'usages connu sous le nom de *Lex Salica*, *Pactus Legis Salicæ*, est une rédaction de la plupart des coutumes qui formaient le droit civil et criminel des Franks sous les deux premières races. Le premier texte paraît avoir été rédigé sous le règne de Clovis, entre 486 et 496; en 803, Charlemagne en fit publier une nouvelle rédaction, connue sous le nom de *Lex emendata*.

Le § 6 du titre XLIII est ainsi conçu :

répondent à la question par la question. Que la succession à la Couronne de France soit réglée par la loi de primogéniture, nul ne songe à le contester; ce que nous soutenons seulement, c'est que, dans l'espèce, cette règle a reçu une dérogation.

Il n'est, en effet, aucun état dont la constitution soit, de son essence même, absolument fixe et immuable. Il existe toujours et partout un pouvoir, variable suivant les temps et les lieux, auquel est dévolu le droit de la modifier. Les déclarations de Torcy et de quelques-uns de nos anciens historiens, prétendant que Dieu seul avait le droit de toucher aux lois fondamentales de la monarchie [1], ne signifient absolument rien; elles ne reposent sur aucun fondement raisonnable.

Quel était donc en France, avant 1789, le pouvoir capable de toucher à la constitution? Nos adversaires répondent unanimement que la nation, représentée par ses États-Généraux, d'accord avec le Roi, était seule compétente en cette matière, et qu'une simple ordonnance royale, enregistrée au Parlement, était dépourvue de toute valeur.

Cette affirmation nous paraît bien téméraire.

Trois fois en effet, dans le cours du XIVme siècle, en 1316, 1326, 1374, il s'est agi de modifier ou de fixer certains points douteux de ce que nous appellerions aujourd'hui notre droit constitutionnel : le concours des États n'a jamais été jugé indispensable.

« *De terra vero salica nulla portio hereditatis mulieri veniat, sed ad* « *virilem sexum tota terræ hereditas perveniat.* »

On rattacha plus tard à ce principe de pur droit privé l'exclusion du trône prononcée contre les femmes. Plus tard encore, aux XVIe et XVIIe siècles, quelques auteurs étendirent le nom de loi salique même à la loi de primogéniture.

(1) Voir p. 13.

Lorsque mourut Louis X, le 5 juin 1316, il laissait pour héritiers une fille, Jeanne, mariée à Eudes de Bourgogne, et deux frères, Philippe et Charles. La reine, de plus, était enceinte.

Il s'agissait pour la première fois de décider si une femme pouvait succéder à la Couronne [1].

Philippe, alors à Lyon, s'empressa de revenir à Paris. Le 16 juillet, il réunit au palais les princes et les barons qui se trouvaient dans cette ville ; l'assemblée décida que Philippe prendrait la régence si la reine accouchait d'un fils, mais qu'il serait roi si elle mettait au monde une fille [2]. Ces dispositions furent confirmées le 17 dans un traité conclu entre Philippe et Eudes de Bourgogne [3].

Le 15 novembre, Clémence de Hongrie accoucha d'un fils qui mourut au bout de quatre jours. Philippe prit aussitôt le titre de Roi, et se fit sacrer à Reims le 9 janvier 1317.

Dans les premiers jours de février il réunit une nouvelle assemblée composée de nobles, de prélats, de docteurs de l'Université, et surtout de bourgeois de Paris [4]; sa conduite y fut pleinement approuvée et on y proclama ce principe : *ad Coronam regni Franciæ mulier non succedit* [5].

---

(1) Consulter principalement le travail de M. Servois, *Documents inédits sur l'avènement de Philippe le long*, ap. *Annuaire bulletin de la Soc. de l'Hist. de France*, 1864, pp. 44 et suiv.

(2) Servois, *Documents inédits*, p. 50; continuateur de Gérard de Frachet, Jean de Saint-Victor, Geoffroi de Paris, ap. *Recueil des Historiens de France et des Gaules*, t. XXI, pp. 45, 663 ; t. XXII, p. 165.

(3) Dom Planchez, *Histoire de Bourgogne*, t. II, preuves, p. 162.

(4) Continuateur de Gérard de Frachet, ap. *Recueil des Historiens*, t. XXI, p. 47.

(5) Continuateur de Guillaume de Nangis, éd. Géraud, t. I, p. 434; continuateur de Gérard de Frachet, ap. *Recueil des Historiens*, t. XXI, p. 47.

Un assez grand nombre d'historiens donnent à cette seconde assemblée le nom d'États-Généraux; il nous paraît cependant difficile de considérer les bourgeois de Paris et les docteurs de l'Université comme une représentation suffisante du Tiers-État. Sans insister davantage sur ce point, nous ferons remarquer que la question avait été complètement tranchée le 16 juillet. Les prétendus États ne firent que donner un avis sur une affaire déjà réglée.

En 1326, à la mort de Charles IV, nouvelle difficulté; le roi laissait un petit-fils issu d'une fille : il s'agissait de décider si l'exclusion qui frappait les femmes s'étendait également à leurs descendants mâles. Les douze pairs et les hauts barons s'assemblèrent à Paris, et décidèrent « que le royaume de France était de si grand noblèce, « qu'il ne devait mie aler à fumelle, ne par conséquent « à fil de fumelle [1]. » Ici encore point d'États-Généraux.

En 1374 enfin, l'ordonnance de Charles V fixant à quatorze ans la majorité des rois de France, ordonnance qui modifiait les usages reçus jusqu'alors, fut simplement enregistrée au Parlement de Paris [2].

Les partisans de la branche aînée de la maison de Bourbon nous opposent cependant l'édit de juillet 1717.

On sait que, par un édit en date du mois de juillet 1714, enregistré au Parlement le 2 août de la même année, Louis XIV avait appelé au trône, à défaut de tout autre prince du sang royal, le duc du Maine, le comte de Toulouse et leurs descendants [3].

---

(1) Guillaume de Nangis, *Chronique*, éd. Géraud, t. II, p. 84.

(2) Isambert, *Recueil des anciennes lois françaises*, t. V, p. 415. — L'acte d'enregistrement a été publié par Laurière, *Ordonnances des rois de France*, t. VI, p. 26.

(3) *Recueil des anciennes lois françaises*, t. XX, p. 619. — Ces deux princes étaient fils de Louis XIV et de Mme de Montespan.

Ces dispositions furent annulées par un autre édit, enregistré le 6 juillet 1717.

On y faisait tenir au Roi ce langage :

« Nous espérons que Dieu, qui conserve la Maison de
« France depuis tant de siècles,... ne lui sera pas moins
« favorable à l'avenir; et que la faisant durer autant que
« la Monarchie, il détournera par sa bonté le malheur qui
« avoit été l'objet de la prévoyance du feu Roi : mais si
« la Nation Françoise éprouvoit jamais ce malheur, ce
« seroit à la Nation même qu'il appartiendroit de le répa-
« rer par la sagesse de son choix; et puisque les Loix
« fondamentales de notre Royaume Nous mettent dans
« une heureuse impuissance d'aliéner le domaine de notre
« Couronne, Nous faisons gloire de reconnaître qu'il Nous
« est encore moins libre de disposer de notre Couronne
« même : Nous savons qu'elle n'est à Nous que pour le
« bien et pour le salut de l'État, et que par conséquent
« l'État seul auroit droit d'en disposer, dans un triste
« événement que Nos peuples ne prévoient qu'avec peine,
« et dont Nous sentons que la seule idée les afflige [1]. »

Il ressort de cet édit, affirme-t-on, ce principe : que le Roi ne peut pas toucher en aucune manière aux lois de succession au trône.

La portée de cet acte ne nous paraît pas, à beaucoup près, aussi grande.

Il y a, en effet, une énorme distance entre les lettres patentes de mars 1713 et l'édit de juillet 1714. Les premières se contentaient de sanctionner l'acte par lequel Philippe V et ses descendants se retiraient pour ainsi dire de la Maison de France; le second, au contraire, y introduisait des étrangers.

Il est absolument certain et il a toujours été admis que les États-Généraux seuls, au cas d'extinction complète de

____

[1] Isambert, *Recueil des anciennes lois françaises*, t. XXI, p. 144.

la race royale, avaient le droit de se choisir un nouveau
souverain; le pacte fondamental de la monarchie liait, en
effet, la France à la postérité de Hugues Capet, et non à
aucune autre.

L'édit de juillet 1717 ne dit pas autre chose.

Nous avons reproduit plus haut [1], du reste, la réponse
faite en 1712 par le marquis de Torcy à lord Bolingbroke,
qui réclamait également l'assentiment des États.

« Les États en France, lui écrivit-on, ne se mêlent
« point de ce qui regarde la succession à la Couronne; ils
« n'ont le pouvoir ni de faire ni d'abroger les lois. Quand
« les Rois les convoquent, on marque dans les lettres que
« c'est pour ouïr les plaintes des bons et fidèles sujets, et
« pour chercher des remèdes aux maux présents. »

Rien en effet, soit dans les très rares textes législatifs
que nous possédons sur les pouvoirs des États, soit dans
les opinions exprimées par les publicistes antérieurs au
xviiime siècle, rien ne permet d'attribuer à ces assemblées
un pouvoir propre, si ce n'est peut-être en matière d'im-
pôts. Les lettres patentes du 9 juin 1614, convoquant les
États à Sens pour le 10 septembre de la même année, ne
leur reconnaissaient que le droit « de faire entendre les
« remontrances, plaintes et doléances qu'ils auraient à
« faire et les moyens qu'ils reconnaîtraient les plus con-
« venables pour y mettre un bon ordre.[2]. »

Et si Bolingbroke avait jugé l'approbation des États indispensable à la validité même des renonciations, comment admettre qu'il se fût contenté sur un point aussi
important pour l'Angleterre, d'un simple enregistrement
au Parlement? Il faudrait alors traiter d'insensé celui que
tous ses contemporains regardaient comme un homme de
la plus haute valeur.

(1) P. 20.
(2) Isambert, *Recueil des anciennes lois françaises*, t. XVI, p. 45.

III.

Nous venons de voir que l'enregistrement des lettres patentes de mars 1713 avait, au regard du droit public français, donné force de loi à la renonciation de Philippe V, tant pour lui que pour ses descendants.

Si maintenant nous nous plaçons au point de vue du droit public de l'Europe, il est certain que les traités d'Utrecht ont produit le même effet.

Quand, en effet, par un traité diplomatique, un roi cède une province ou des prétentions sur une province, à un autre souverain, lorsqu'il conclut une alliance, qu'il s'engage à un fait ou à une abstention, ses successeurs sont tenus au même titre que lui, à moins qu'il n'ait agi dans un pur intérêt personnel. Ce n'est pas tel ou tel homme qui a traité avec tel autre, c'est le roi, représentant d'une nation, personne morale immortelle, qui a traité avec un autre roi. Agissant au nom de la nation, il a, par cela même, obligé tous ceux qui seront appelés à la gouverner après lui. S'il en était autrement, si un traité n'obligeait que ses signataires, les relations diplomatiques seraient absolument impossibles.

En droit international, Philippe V avait donc le droit de renoncer pour ses descendants.

Nul d'ailleurs ne fait de difficultés pour admettre que la fin principale des traités d'Utrecht était d'empêcher à tout jamais la réunion sur une même tête des deux couronnes de France et d'Espagne. Cette séparation, conforme du reste aux prescriptions du testament de Charles II, était absolument nécessaire au repos des autres puissances : elles avaient donc le droit de l'exiger.

C'est en effet un principe de droit international que tous les États, étant égaux, ont par conséquent un droit égal à subsister. Ils ne peuvent donc se nuire réciproquement, et chacun d'eux a le droit de prendre toutes les mesures nécessaires à sa conservation.

Mais si l'Europe avait le droit d'exiger la séparation des deux couronnes, elle avait nécessairement aussi le droit de prendre, de concert avec la France et l'Espagne, toutes les mesures propres à en empêcher la réunion. On se convaincra tout de suite, avec un peu de réflexion, que le moyen employé en 1713 était le seul véritablement pratique. Il fut du reste jugé tel par les diplomates du xviiime siècle, qui valaient bien ceux d'aujourd'hui.

Le cabinet de Versailles voulait que Philippe V conservât ses droits éventuels au trône de France, et qu'il fût seulement obligé d'opter entre les deux couronnes, si jamais elles venaient à lui être dévolues.

Lord Bolingbroke répondit au marquis de Torcy par une lettre que nous avons déjà citée plus haut [1], et qui est un modèle de bon sens et de clarté. Tout son raisonnement se réduisait à deux points :

Ou Philippe V optera pour la France, et alors il ne perdra rien pour avoir fait son choix immédiatement;

ou il conservera l'Espagne, et en ce cas la garantie des puissances de l'Europe sera beaucoup plus capable d'empêcher qu'il retourne en France contre la renonciation formelle qu'il aura faite de son droit, que de le contraindre d'abandonner une Couronne dont il sera en possession,

____

(1) P. 14.

et de se départir d'une prétention à laquelle il n'aura jamais renoncé.

Ce qui était vrai pour Philippe V l'était également pour ses descendants : nous venons de voir qu'il avait le droit de s'engager en leur nom.

Avantageux pour l'Europe, cet arrangement ne l'était pas moins pour la France et l'Espagne : si, en effet, à la mort du chef de la Maison de Bourbon, l'aîné de ses héritiers eût toujours conservé la faculté d'opter entre les deux Couronnes, il en serait résulté, pour les institutions politiques de ces deux États, un défaut de fixité des plus contraires à leurs intérêts.

Mais — a-t-on prétendu — les traités d'Utrecht n'ont plus aujourd'hui aucune valeur, car nous avons été plusieurs fois en lutte avec les puissances qui les ont signés, et l'état de guerre abroge sans retour les traités proprement dits dans leurs effets politiques [1].

Ceci est complètement inexact. Il ne faut pas dire que l'état de guerre *abroge sans retour* les traités diplomatiques, mais bien qu'il les *suspend provisoirement* [2].

Si, en effet, les choses se passaient ainsi que le pré-

[1] Th. Deryssel, *Mémoire sur les droits de la maison d'Anjou à la couronne de France*, p. 28.

[2] « Les traités qui avaient été conclus entre les belligérants pour « régler les relations pacifiques qu'ils entretenaient n'ont plus de raison « d'être : les circonstances qui les avaient produits n'existant plus, « ils se trouvent sans objet. Ils sont suspendus, mais ils ne sont ni « détruits ni révoqués. » — Funck-Brentano et Sorel, *Précis du droit des gens*, p. 237 ; cf. p. 330.

« Les traités qui ne concernent pas la guerre, ou qui sont compa- « tibles avec elle, continuent d'exister pendant et après les hostilités. » — Carnazza Amari, *Traité de droit international public en temps de paix*, trad. Montanari-Revest, t. II, p. 550.

« Un traité peut être temporairement suspendu, s'il se déclare une « guerre générale entre les deux nations contractantes. » — Pasquale Fiore, *Nouveau droit international public suivant les besoins de la civilisation moderne*, trad. Ch. Antoine, t. II, p. 53 ; cf. pp. 261 et 358.

tendent nos adversaires, une puissance devrait, chaque fois qu'elle traite avec une autre après une guerre, régler de nouveau, dans ce traité, tous les points précédemment établis par les conventions diplomatiques antérieures.

Il n'en est jamais ainsi ; quand une guerre est déclarée, tous les traités demeurent suspendus ; mais à la paix, ils reprennent leur empire, sauf dans les matières réglées à nouveau. La confirmation se trouve parfois mentionnée en termes exprès.

Les traités n'étant, en somme, que des contrats synallagmatiques passés entre deux puissances, il y a lieu de leur appliquer, en tant que cela est possible, les règles ordinaires qui régissent les conventions.

C'est ainsi, par exemple, qu'ils se trouvent abrogés :

1° Par les dispositions contraires d'un traité postérieur, ou l'incompatibilité d'une de ses clauses avec l'état de choses existant ;

2° Par la cessation de la cause qui les a fait naître ;

3° Par un fait contraire maintenu longues années sans protestation : en un mot, par la prescription libératoire.

Si nous appliquons ces principes aux traités d'Utrecht, nous nous convaincrons immédiatement que les dispositions relatives à la séparation des deux Couronnes de France et d'Espagne sont toujours en vigueur.

Elles n'ont en effet été abolies :

Ni par les dispositions contraires d'un traité postérieur. — Les conventions diplomatiques signées en Europe depuis 1713 les ont formellement ratifiés ou sont restées muettes sur ce point.

Ni par la cessation de la cause qui les a fait naître. — La réunion des deux Couronnes sur une même tête serait aussi préjudiciable aux intérêts de l'Europe aujourd'hui qu'en 1713.

Ni par la prescription libératoire. — Ils ont été confirmés en 1717, en 1718 [1], en 1725 [2] et en 1748 [3]. En 1846 encore, ce fut au nom des traités d'Utrecht que l'Angleterre protesta contre les mariages espagnols.

[1] Voir pp. 24-25.

[2] Traité de Vienne. — Dumont, *Corps diplomatique*, t. VIII, 2ᵉ partie, p. 106.

[3] Traité d'Aix-la-Chapelle. — De Clercq, *Recueil des traités de la France*, t. I, p. 67.

IV.

Si nous ouvrons Pothier, au *Traité des personnes et
des choses*, nous lisons les lignes suivantes :

« Les citoyens, les vrais et naturels Français, suivant
« la définition de Bacquet, sont ceux qui sont nés dans
« l'étendue de la domination française, ou ceux qui sont
« nés dans nos colonies, ou même dans des pays étran-
« gers, comme en Europe et en Afrique, où nous avons
« des établissements pour la commodité du commerce.

« Des enfants nés dans un pays étranger d'un père
« français, qui n'a pas établi son domicile dans ce pays,
« ni perdu l'esprit de retour, sont aussi Français...

« On appelle étrangers ceux qui sont nés de parents
« étrangers et hors des pays de la domination française...

« Nous réunissons ici deux conditions : la première que
« l'aubain soit né en pays étranger, la seconde qu'il soit
« né de parents étrangers, parce que, comme nous l'avons
« prouvé, la seule naissance hors du royaume ne suffit
« pas pour rendre étranger [1]...

« Les Français qui ont abandonné leur patrie, sans
« aucun esprit de retour, perdent la qualité et les droits
« de citoyens... Le mariage que le Français contracterait
« en pays étranger ne pourrait que faire naître des soup-
« çons, mais il ne serait plus permis de douter de son

[1] *Œuvres*, éd. Bugnet, t. IX, p. 17.

« dessein de s'expatrier s'il avait établi le centre de sa
« fortune en pays étranger, s'il s'y était fait pourvoir de
« quelque office ou bénéfice [1]. »

Il ne peut donc faire aucun doute, si l'on s'en tient aux
termes du droit commun, que le duc d'Anjou, en aban-
donnant sa patrie pour monter sur le trône d'Espagne, a
perdu sa nationalité d'origine, que ses descendants sont
et demeurent étrangers.

Mais, pour répondre au texte si formel que nous
venons de transcrire, nos adversaires invoquent un singulier argument : ils soutiennent qu'un Bourbou ne peut
jamais, quoi qu'il fasse, perdre la qualité de Français.

Une exception aussi grave aux principes généraux
devrait au moins être appuyée de quelques preuves : il
n'en est rien. On compte sur la bonne volonté du lecteur,
et on se borne à déclarer la chose évidente.

Nous pourrions donc, en stricte logique, nous conten-
ter de repousser l'exception comme non justifiée; mais il
existe heureusement des documents qui nous permettent
de prouver directement que Philippe V a perdu la nationalité française.

A la date du 29 novembre 1700, le *Journal* de Dangeau renferme les lignes suivantes :

« Le roi d'Espagne emportera des lettres patentes,
« registrées au Parlement, par lesquelles on déclarera
« que *quoiqu'il soit devenu étranger en devenant roi*
« *d'Espagne,* ses droits à la Couronne de France pour
« lui et pour ses descendants seront conservés.

« Henri III étant duc d'Anjou, et sortant de France
« pour aller être roi de Pologne, ne voulut point partir
« sans avoir de pareilles lettres patentes, et le Roi avait
« promis à M. le prince de Conty, quand il alla en Polo-

____

[1] *Œuvres*, éd. Bugnet, t. IX, p. 30.

« gne, de lui en faire expédier sitôt qu'il serait couronné
« roi de Pologne[1]. »

Saint-Simon mentionne le même fait en termes fort peu
différents[2].

Nous n'avons pu trouver le texte des lettres patentes
emportées par Henri III ou préparées pour le prince de
Conty, mais celles délivrées à Philippe V ont été publiées.
En voici les principaux passages :

« Louis, par la grâce de Dieu, etc... Nous avons dit,
« déclaré et ordonné que notre très cher et très aimé petit-
« fils, le roi d'Espagne, conserve toujours les droits de
« sa naissance, de la même manière que s'il faisait sa
« résidence actuelle dans notre royaume; ainsi s'il arrive
« que notre petit-fils, le duc de Bourgogne, vienne à
« mourir sans enfants mâles, notre dit petit-fils, le roi
« d'Espagne, usant des droits de sa naissance, soit le
« vrai et légitime successeur de notre Couronne et de nos
« États, nonobstant qu'il soit alors absent et résident
« hors de notre dit royaume;... entendons que tous droits
« et autres choses généralement quelconques, qui leur
« pourraient (à ses descendants) à présent et à l'avenir
« compéter et appartenir, soient et demeurent conservées
« saines et entières, comme s'ils résidaient et habitaient
« continuellement dans notre royaume, jusqu'à leur tré-
« pas, et que leurs hoirs fussent originaires et régnicoles,
« les ayant à cet effet, en tant que besoin serait, habilités
« et dispensés, habilitons et dispensons par ces dites pré-
« sentes[3]. »

Il ne faut pas oublier que ces lettres patentes furent
révoquées par d'autres, données à Versailles en mars

---

(1) *Journal*, t. VII, p. 439.

(2) *Mémoires*, éd. Chéruel, t. II, p. 436.

(3) Isambert, *Recueil des anciennes lois françaises*, t. XX, p. 375.

1713, et enregistrées au Parlement le 15 du même mois [1].

De tout ceci il résulte :

que Philippe V, pour conserver sa qualité de Français, dut emporter des lettres de régnicole ;

que ces lettres ayant été postérieurement révoquées, il s'est trouvé dans la même situation que s'il ne les avait pas emportées, qu'il est devenu étranger.

« Pendant quatorze cents ans — a dit Monsieur le « comte de Chambord — seuls entre tous les peuples de « l'Europe, les Français ont toujours eu à leur tête des « princes de leur nation et de leur sang [2]. »

Il se rencontre malheureusement aujourd'hui des hommes qui repoussent ce glorieux privilège et soutiennent que la France peut s'incliner sous le sceptre d'un étranger. L'histoire démontre cependant, et de la manière la plus indiscutable, la fausseté de leurs assertions.

Nous ne parlerons pas ici de Charles de Lorraine, écarté du trône en 987, parce qu'il n'avait pas eu honte de servir un roi étranger [3]; nous ne dirons rien du traité de Troyes [4], ni de l'explosion de colère nationale que

---

(1) Isambert, *Recueil des anciennes lois françaises*, t. XX, p. 585.

(2) Manifeste du 25 octobre 1852.

(3) « *Externo regi servire non horruerit.* » Discours de l'archevêque de Reims à l'assemblée de Senlis, en 987, ap. Richer, *Historiarum libri IV*, éd. Guadet, t. II, p. 154.

(4) Voici le texte de l'art. VI du traité :

« Item est accordé que tantost après nostre trespas, et deslors en « avant, la couronne et royaume de France, avec tous leurs droicts « et appartenances demourront et seront perpétuellement de nostre dit « Fils le roy Henry et de ses Hoirs. » — Dumont, *Corps diplomatique*, t. II, 2e partie, p. 143.

souleva ce pacte qui livrait la France aux Anglais; nous arriverons de suite au xvime siècle où les textes abondent pour affirmer qu'un étranger ne peut ceindre la Couronne. Historiens et jurisconsultes sont unanimes sur ce point.

Voici, par ordre chronologique, quelques-uns de leurs principaux témoignages :

Nicole Gilles, 1492. — « Jamais le royaulme de « France ne fut gouverné par Anglois, ne autres estran- « giers [1]. »

Paul Æmile, 1539. — « La loy salique nous défend de « mettre nostre sceptre en main de femme, a fin qu'il « demeure toujours en la nation [2]. »

Charles Dumoulin, 1561. — « La loy salique estoit, « comme elle a toujours esté des les premiers roys des « François, que jamais n'eurrent Roy d'autre peuple. « Jamais le Règne et la Couronne ne fut transféré à « autre [3]. »

Bernard du Haillan, 1570. — « Si les femmes succé- « doient, il adviendroit qu'elles épouseroient des estran- « gers, qui aux charges, honneurs et magistrats , et au « maniement des affaires prefereroient aux nostres, ceux « de leur nation et delà naîtroient infinies divisions, dis-

---

(1) « *Les très élégantes et copieuses annales des très chrestiens et excel- lens moderateurs des belliqueuses Gaules*, par Nicole Gilles , 2 vol. in-folio, Paris, 1547, t. II, f° 1, recto.

Les dates que nous donnons plus haut sont celles des éditions *prin-ceps*, d'après le *Manuel du Libraire* de Brunet; nous donnons dans la note celles des éditions que nous avons pu consulter.

(2) *Histoire des faicts, gestes et conquestes des roys, princes, seigneurs et peuple de France, mise en françois par Jean Regnard*, in-fol., Paris , 1597, p. 501.

(3) *La première partie du Traicté de l'Origine, Progrès et Excellence du royaume et monarchie des François*, in-8°, Lyon, 1561, p. 30.

« sentions et mécontentemens, comme il est advenu en
« plusieurs autres royaumes. Mais ceste loy sur laquelle
« depuis ledict Philippe, nos rois s'appuient fait que la
« France voit toujours devant ses yeux qui sera son sei-
« gneur, car elle est asseurée que ce sera un François le
« plus prochain masle de la ligne de son roy [1]. »

René Chopin, 1574. — « C'est cette seule loy (la loi
« salique) ou Coustume si célèbre qui conserve et affermit
« la dignité et liberté de l'Estat du Royaume de France,
« pour empescher que les estrangers ne puissent maîtri-
« ser et commander aux François, lesquels ont accous-
« tumé de faire la loy, et de se rendre maistres des autres
« nations [2]. »

Jean du Tillet, 1577. — « Mesdames, filles de France...
« sont perpétuellement exclues de la Couronne par cous-
« tume et loy particulière de la Maison de France, fondée
« sur la magnanimité des François, ne pouvant souffrir
« estre dominez par femmes de par elles : aussi qu'elles
« eussent, par mariage, peu transférer la Couronne aux
« estrangers [3]. »

Pierre de Belloy, 1586. — « Véritablement il faut con-
« sidérer que la rayson de la loy de France, et autres
« royaumes, esquels la loy salique est gardée, laquelle
« exclut le sexe féminin de la succession de la couronne,
« n'est point seulement fondée sur l'imbecillité et infirme
« condition du sexe, laquelle se trouve trop souvent aussi
« au sexe masculin : mais principallement pour empes-
« cher qu'elle ne tombe en estrangère main, et que le
« royaume ne soit gouverné par un autre que par un

---

(1) *De l'Estat et succez des affaires de France*, 2 vol. in-8°, Paris, 1572,
t. II, p. 43.

(2) *Traité du domaine de la Couronne de France*, l. III, t. I, n° 2.

(3) *Recueil des Roys de France, leurs couronnes et maison ensemble, le
rang des grands de France*, in-folio, Paris, 1586, p. 214.

« François, qui soit du sang et origine de son père, et
« qui ait notable intérêt et affection naturelle à la conser-
« vation de sa patrie [1]. »

Jacques de Thou, 1604. — « Un peuple libre et belli-
« queux excluait du trône les princesses et leur postérité,
« afin de n'être point assujetti par leur mariage à la domi-
« nation des princes étrangers [2]. »

Claude Malingre, 1614. — « J'estime que nos anciens
« François n'ont pas tant considéré ces choses, que la
« crainte qu'ils ont eu qu'une femme venant à la Cou-
« ronne les fit tomber en la domination de quelque es-
« tranger, par mariage ou alliance, chose qu'ils ont de
« tout temps évitée au plus qu'ils ont peu [3]. »

Hugo Grotius, 1625. — « L'exclusion des femmes et
« de tous ceux qui sortent d'elles... a été établi principa-
« lement pour empêcher que la Couronne ne parvienne à
« une Race étrangère, par les mariages des princesses du
« Sang Royal [4]. »

Fr. de Macedo, 1647. — « Charles s'étant dévoué aux
« Allemands, la France, qui n'a jamais pu souffrir le joug
« des étrangers, l'écarta de la royauté, la coutume fon-
« damentale étant en cela de connivence avec la nation,
« et approuvant tacitement cette exclusion [5]. »

---

(1) *Examen du discours public contre la maison royalle de France
et particulièrement contre la branche de Bourbon, seule reste d'icelle, sur
la Loy Salique, et succession du Royaume, par un Catholique, Apostolique,
Romain, mais bon françois, et tresfidèle subiet de la Couronne de France*,
in-8°, s. l., 1587, p. 85.

(2) *Thuani Historia sui temporis*, l. XIII.

(3) *Traicté de la Loy Salique, armes, blasons et devises des François*,
1 vol. pet. in-8°, Paris, 1614, f° 54.

(4) *De Jure Belli et Pacis*, l. II, ch. VII, xxiii. — Nous empruntons
la traduction de Barbeyrac.

(5) *Propugnaculum Lusitano-Gallicum*, in-folio. Paris, s. d., p. 310.

Le Tenneur, 1651. — L'auteur déclare que les Francs ont fait la Loi salique, « afin de n'être pas contraints « de subir la domination de princes étrangers, comme le « seraient les maris des femmes qui viendraient à suc- « céder à la Couronne [1]. »

En 1589, à la mort d'Henri III, la question tomba de la spéculation pure dans la pratique. Pendant les néfastes journées de la Ligue, le roi d'Espagne Philippe II voulut donner à la France un prince de son choix; ses émissaires entreprirent de gagner les États-Généraux, et l'on put craindre un moment de voir le royaume de France tomber entre les mains d'un étranger.

Le Parlement de Paris s'émut alors et rendit, le 28 juin 1593, son fameux arrêt de la Loi salique.

« Sur la remontrance cy-devant faicte à la Cour par le « procureur-général du Roy, et la matière mise en délibé- « ration : ladicte Cour, toutes les chambres assemblées, « n'ayant, comme elle n'a jamais eu, autre intention que « de maintenir la Religion catholique, apostolique et ro- « maine et l'Estat et Couronne de France souz la pro- « tection d'un bon Roy très-chrestien, catholique et françois.

« A ordonné et ordonne que remonstrances seront « faictes ceste apres-dinée par maistre Jean Le Maistre, « président, assisté d'un bon nombre de conseillers en la- « dicte Cour, à monsieur le duc de Mayenne, lieutenant- « général de l'Estat et Couronne de France, en la pré- « sence des princes et officiers de la Couronne estant de « présent en ceste ville. A ce que aucun traité ne se face « pour transférer la Couronne en la main de prince ou

____

(1) *Veritas vindicata adversus Chiffletii vindicias hispanicas*, in-folio Paris, 1651, p. 70.

« princesse estrangers [1] : que les loys fondamentales de
« ce royaume soient gardées, et les arrests donnés par
« ladicte Cour pour la déclaration d'un Roy catholique et
« françois exécutez : et qu'il aye à employer l'autorité qui
« luy a esté commise pour empescher que souz prétexte
« de la religion, la Couronne ne soit transférée en main
« estrangère, contre les loys du Royaume et pourveoir le
« plus promptement que faire se pourra au repos et soula-
« gement du peuple pour l'extrême nécessité en laquelle
« il est réduit. Et neantmoins dès à présent à ladicte Cour
« déclaré tous traitez fais et à faire cy-après, pour l'esta-
« blissement du prince ou princesse estrangers nuls et
« de nul effect et valeur, comme faicts au préjudice

[1] On a soutenu que par ces mots « prince ou princesse estrangers »
le Parlement entendait seulement les princes ou princesses qui n'é-
taient pas issus de la maison de France.

On invoque à l'appui de cette opinion un passage d'un discours
adressé en 1593 au pape Sixte-Quint par le duc de Nevers, ambassadeur de France.

Voici ce passage, d'après de Thou et Palma-Cayet.

« Id a reliquis Senatus Parisiensis, qui Lutetiæ est, nuper pronun-
« tiatum fuisse..., ne extranei in regnum succederent, et lex salica
« servaretur, et nomine extraneorum omnes comprehendisse, qui ex
« sanguine regio prognati non essent, licet in Gallia nati et jam bona
« ac fortunas in ea collocassent, et ut de electione agere liceat, id
« nisi convocatis universis regni ordinibus fleri non posse. » — *Thuani
historia sui temporis*, l. CVIII.

« Il avoit esté ordonné par ledit parlement qu'il ne seroit point esleu
« de prince estranger, et que la loy salique seroit gardée ; ayant faict
« paroistre par deux arrests qu'il n'estoit loisible de procéder à aucune
« élection, et moins en la personne d'un prince ou princesse estran-
« gers, auquel mot estoient compris de tout temps les princes sortis
« des maisons estrangeres, bien qu'ils fussent habituez en France et
« faicts régnicoles. » — *Chronologie novennaire*, l. V, collect. Petitot et
Monmerqué, 1re série, t. XLIII, p. 41.

Il suffit de lire ces deux textes pour voir qu'ils ne disent pas du tout
ce qu'on veut leur faire dire. Ils déclarent seulement que pour avoir
droit au titre de « prince français » il ne suffit pas d'être régnicole,
mais qu'il faut encore être issu de la maison royale de France.

« de la loy salique, et autres loys fondamentales de
« l'Estat. »

« A Paris, en Parlement, le vingt-huictiesme juin
« 1593 [1]. »

Le lendemain, le président Le Maistre, accompagné de
vingt conseillers, se rendit à l'hôtel de Nevers, où résidait
le duc de Mayenne. Après lui avoir donné lecture de l'arrêt du Parlement, il lui déclara :

« que la loy salique avoit esté introduite, receue et pra-
« tiquée en France à deux fins : »

« La première pour empescher que la Couronne ne
« tombast ez mains des estrangers, comme elle fust tom-
« bée par mariage, si les femmes eussent esté capables
« pour icelle [2]. »

Le Parlement n'était pas seul, du reste, à protester
contre les manœuvres des ligueurs; le peuple lui aussi
s'élevait, par la voix des pamphlets, contre les intrigues
des agents espagnols. Au nom de la loi salique, il protestait contre l'arrivée au trône d'une famille étrangère, et lui
opposait hautement la nationalité française de Henri IV [3].

La question, depuis cette époque, ne se posa plus
sérieusement. Notons cependant qu'en 1631, lors des intrigues de Gaston d'Orléans avec la Lorraine, Richelieu
fit menacer ce prince du sort de Charles de Lorraine, qui

----

(1) Isambert, *Recueil des anciennes lois françaises*, t. XV, p. 71.

M. Aug. Bernard a publié, à la suite des *Procès-verbaux des États-
Généraux de 1593* (p. 740), un texte de l'arrêt de la loi salique qui diffère
assez de celui que nous avons reproduit.

(2) *Récit faict à la cour par Monsieur le Président Le Maistre, des
remonstrances par luy faictes de la part de ladicte cour au sieur Duc de
Mayenne le 29ᵉ juin 1593*, ap. *Procès-verbaux des États-Généraux de 1593*,
pp. 742 et suiv.

(3) Voir le *Recueil des excellens et libres discours sur l'estat présent de
la France, imprimé nouuellement*, in-12, Paris, 1606, passim.

perdit la Couronne de France pour s'être fait le vassal de l'Empereur [1].

Nous ne dirons rien ici du déchaînement que soulevèrent contre eux, au xviime siècle, deux ministres d'origine étrangère : il suffit de citer les noms du maréchal d'Ancre et du cardinal Mazarin [2]. Mais si la France protestait avec une telle fureur contre la présence d'un étranger au Conseil, peut-on admettre qu'elle eût jamais consenti à s'incliner sous son sceptre?

On nous pose cependant ici une objection :

« Henri IV — dit **M.** Laurentie — était-il français ou « étranger? Que les adversaires de la maison d'Anjou ne « crient pas au blasphème! Ils ne peuvent nous interdire « de poser à l'égard du premier Bourbon la question qu'ils « posent eux-mêmes, ou plutôt qu'ils tranchent avec tant « de désinvolture à l'égard des aînés de sa descendance. « Eh bien, s'ils veulent être fidèles à leur doctrine, nos « contradicteurs seront obligés d'infliger rétroactivement « à Henri IV la fâcheuse qualité d'étranger. Si les princes « de la maison d'Anjou sont étrangers, il l'a été comme « eux, car il était prince souverain, roi d'un pays qui « n'était pas la France. L'identité de situation est abso- « lue [3]. »

Nous n'aurons pas de peine à démontrer le contraire.

---

(1) Le Vassor, *Histoire du règne de Louis XIII*, t. VI, p. 758.

(2) Mazarin avait été cependant naturalisé français. Ses lettres de naturalisation ont été publiées par M. Cheruel, *Histoire de France pendant la minorité de Louis XIV*, t. I, p. 361.

Dans les premiers temps de la Régence, lorsque le Parlement de Paris voulut exciter le peuple contre Law, c'est encore la qualité d'étranger de ce dernier qu'il mit en avant. *Journal de Barbier*, t. I, p. 10.

(3) *Le roi légitime*, p. 81.

Comme on l'a vu par le texte de Pothier cité plus haut, était considéré comme Français dans notre ancien droit :

1° Tout individu né sur le territoire français ;

2° Tout individu né, même à l'étranger, de parents français.

Henri IV se trouvait-il dans l'une ou l'autre de ces deux situations ?

Et d'abord, était-il né sur le territoire français ? — Henri de Bourbon La Marche-Vendôme était né le 13 décembre 1553, au château de Pau, ville principale du Béarn.

Le comté de Béarn pouvait-il être réputé territoire français ? — En fait, il jouissait, au milieu du xvime siècle, d'une complète indépendance, mais au point de vue du droit, la question était contestable et du reste contestée [1]. Il avait, au moyen-âge, relevé de la Couronne de France, et il était de principe, dans notre ancien droit, que nul ne pouvait prescrire contre le Roi. Aussi deux arrêts du Parlement de Toulouse, en date des 5 et 13 novembre 1568, déclaraient-ils encore le Béarn sous la suzeraineté de la France [2].

En tout cas, il y avait un point absolument hors de doute : c'est que les Béarnais étaient Français. Telle était la jurisprudence des Parlements [3] et la doctrine des au-

(1) De Marca, *Histoire de Béarn*, in-folio, Paris, 1640 ; avis au lecteur et p. 661. Maynard, *Notables et singulières questions de droict escript décidées et jugées par arrests mémorables de la Cour souveraine du parlement de Tholose*, 2 vol. in-4°, Paris, 1617 ; t. II, 3° partie, pp. 406 et suiv.

(2) Bordenave, *Histoire de Béarn et de Navarre*, p. 168.

(3) Maynard parle « d'une infinité d'arrests. » Nous avons relevé dans son ouvrage les dates suivantes :

Paris,   7 mai 1317.
  —   8 septembre 1322.
  —   25 décembre 1503.
Rouen,   7 juin 1561.

teurs les plus estimés : Bacquet[1], Maynard[2], Chopin[3], Ferron[4] étaient unanimes sur ce point. Le 2 septembre 1561, des lettres patentes de Charles IX consacraient législativement cette opinion[5].

Henri IV était-il né de parents Français? — On peut sans hésiter répondre affirmativement. Il était fils d'Antoine de Bourbon, prince de Béarn, duc de Vendôme, de Beaumont et d'Albret, comte de Foix, etc., gouverneur de Picardie, gouverneur et amiral de Guyenne, chef des Conseils et lieutenant-général du Royaume pendant la minorité de Charles IX, premier prince du sang et premier pair du Royaume[6]. Nul, que nous sachions, n'a jamais contesté la nationalité de ce dernier.

Par la naissance, Henri IV était donc Français.

Mais, diront nos adversaires, cette nationalité d'origine, il l'a perdue au même titre que Philippe V en montant sur le trône de Navarre, en transportant à l'étranger son principal établissement. Et ils nous citent le texte de Pothier que nous avons invoqué contre eux tout à l'heure.

Ils sont encore ici dans l'erreur.

Henri IV n'a pas perdu sa nationalité d'origine en montant sur le trône de Navarre, car il n'a pas transporté à l'étranger son principal établissement.

Si, en effet, on veut bien jeter les yeux sur une carte de France à la fin du xvime siècle, on reconnaîtra facilement que le royaume de Navarre ne constituait qu'une minime fraction du patrimoine d'Henri de Bourbon.

(1) Cité par Maynard, *Notables questions*, t. II, p. 410.
(2) *Notables questions*, t. II, p. 410-415.
(3) *Traité du domaine de la Couronne*, l. I, t. XI, n° 13.
(4) Cité par Chopin, *ibid.*, n° 12.
(5) Chopin, *Des privilèges des rustiques*, liv. III, ch. viii, § 2; Mainard, *Notables questions*, t. II, p. 410.
(6) Anselme, *Histoire généalogique*, t. I, p. 143.

Ce prince, en effet, possédait en France [1] :

1° Les duchés de Beaumont, de Vendôme et d'Albret;

2° Les comtés de La Marche, d'Enghien, de Foix, de Bigorre, de Rhodez et de Périgord;

3° La vicomté de Limoges

sans compter une foule d'autres petites seigneuries de moindre importance;

4° Le gouvernement de Guyenne;

5° Le titre de premier pair et prince de France.

Qui oserait soutenir que le petit royaume de Navarre constituât un établissement plus important que celui-là?

Mais nos adversaires insistent : Pothier, disent-ils, n'exige pas toujours que l'on transporte à l'étranger son principal établissement; il suffit que l'on s'y soit fait pourvoir de quelque office ou bénéfice.

Pothier, en effet, s'exprime ainsi, et le Code civil a même reproduit sa doctrine en décidant que la qualité de Français se perdrait par l'acceptation, non autorisée par le Roi, de fonctions publiques conférées par un gouvernement étranger.

Henri IV ne se trouvait nullement dans ces conditions; il ne s'était pas fait « pourvoir d'un office » à l'étranger, car il ne reconnaissait la suzeraineté d'aucun prince. Il était souverain d'un royaume étranger, mais souverain indépendant, et nos adversaires font même sonner bien haut son indépendance. Charles VII fut de même seigneur de Gênes, Charles VIII roi de Naples, Louis XII, duc de Milan, et jamais personne n'a songé à dénier à ces princes la qualité de Français.

Si, du reste, les contemporains avaient supposé qu'Henri de Bourbon pût perdre sa nationalité en montant sur le trône de Navarre, comment expliquer qu'on

____

[1] Anselme, *Histoire généalogique*, t. I, p. 145.

ne lui eût pas délivré des lettres de régnicoles, analogues à celle qu'emporta l'année suivante le duc d'Anjou lorsqu'il partit pour la Pologne?

En résumé, si l'on compare la situation d'Henri IV à celle de Philippe V, on arrive aux résultats suivants :

1° Henri IV n'a pas transporté en Navarre son principal établissement;

1° Philippe V a transporté en Espagne son principal établissement;

2° A toujours conservé en France ses plus importantes possessions ;

2° N'a gardé absolument rien en France;

3° A fait, il est vrai, quelques séjours en Navarre, mais ne s'y est jamais établi à perpétuelle demeure [1];

3° A toujours habité son nouveau royaume;

4° A toujours été traité en France comme un prince du sang [2];

4° A été traité en France comme un souverain étranger, dès l'acceptation du trône d'Espagne [3];

5° N'a pas emporté de lettres de régnicole, preuve qu'on ne le considérait pas comme étranger.

5° A dû emporter, pour conserver sa nationalité française, des lettres de régnicole qui ont été plus tard annulées.

On ne peut donc soutenir que « l'identité de situation « soit absolue » entre Philippe V et Henri IV.

---

(1) Voir *Séjours et itinéraire de Henri IV avant son avènement au trône de France*, par M. Berger de Xivrey, ap. *Lettres missives de Henri IV*, t. II, pp. 513 et suiv.

(2) Voir notamment le *Journal* de l'Estoile, 4 juin, 8 août, 6 septembre, 1er novembre 1574; 27 août 1575.

(3) Saint-Simon, *Mémoires*, éd. de Boislisle, t. VII, pp. 323 et suiv.

V.

Résumons maintenant en quelques lignes tout ce que nous venons d'établir.

Tout homme est maître de ses droits. Le principe de notre droit civil actuel, en vertu duquel on ne peut renoncer à une succession non encore ouverte, n'est pas applicable au droit public : Philippe V avait donc le droit de renoncer pour lui-même au trône de France.

L'allégation de violence, proposée par Philippe V lui-même contre cet acte, ne résiste pas à un examen sérieux.

L'enregistrement au Parlement de Paris des lettres patentes approuvant l'acte par lequel il renonçait au trône tant pour lui que pour ses descendants, a donné à cet acte force de loi. Vainement objecte-t-on que l'assentiment des États-Généraux était ici nécessaire ; les précédents sont contraires à cette affirmation, et les États d'ailleurs ne jouissaient d'aucun pouvoir propre.

L'insertion de la renonciation dans le traité d'Utrecht lui a donné même valeur au point de vue du droit public européen.

Il est, en effet, de l'essence même du droit international public qu'un prince puisse, par sa parole, engager ses successeurs, tout traité diplomatique serait illusoire s'il n'engageait que ses signataires. Philippe V a donc pu, en droit international, renoncer pour ses descendants.

Tous les États ont des droits égaux à l'existence; ils peuvent, par conséquent, mettre leurs voisins dans l'impossibilité de leur nuire, dussent-ils, pour y arriver, modifier leur constitution interne. L'Angleterre et les autres puissances signataires du traité d'Utrecht pouvaient donc exiger de Philippe V une renonciation au trône de France.

Les conventions diplomatiques sont obligatoires pour les parties contractantes tant qu'elles n'ont pas été expressément ou tacitement abrogées : les traités d'Utrecht interdisent donc encore à la descendance de Philippe V l'accès du trône de France.

Il est hors de toute discussion que, dans le droit ancien comme dans le droit moderne, la nationalité française se perd par le transport du principal établissement en pays étranger.

L'exception invoquée par nos adversaires en faveur de la Maison de Bourbon, et d'après laquelle cette famille ne pourrait jamais perdre la nationalité française, n'est pas prouvée, et ne peut l'être.

Or, c'est un des principes fondamentaux de notre ancien droit, qu'un étranger ne peut monter sur le trône de France.

La branche aînée de la Maison de Bourbon, représentée par Monsieur le duc de Madrid, se trouvant écartée :

1° par la renonciation de Philippe V, son auteur;

2° par les stipulations des traités d'Utrecht;

3° par son extranéité;

le droit passe à la branche cadette dont le Chef est aujourd'hui Monseigneur le Comte de Paris.

C'est donc bien lui qui est le Roi de France.

DESCENDANCE DE LOUIS XIII.

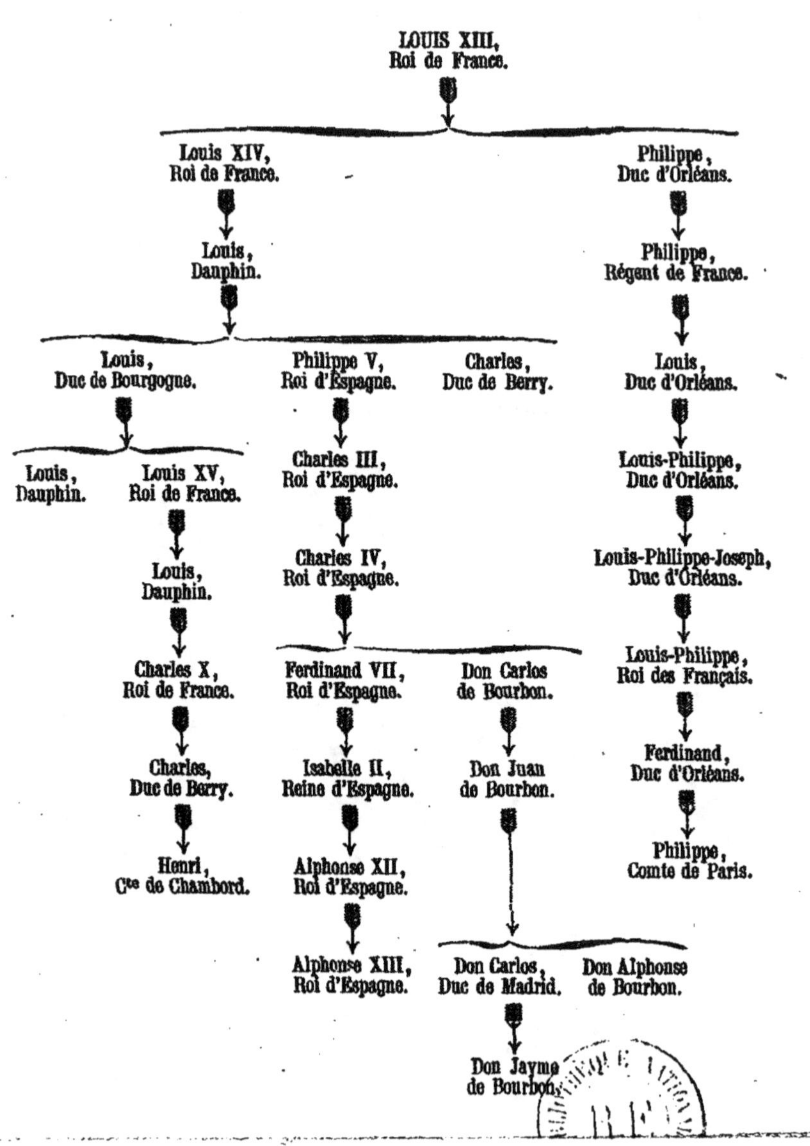